Selected publications by Nicomedes Suárez-Aráuz

POETRY

Los escribanos de Loén (1974, 1982)

The America Poem (1976)
(translated with Willis Barnstone)

Caballo al anochecer (1978)

Loén: Amazonía / Amnesis / América (1997)

ANTHOLOGIES

*Coded Encounters: Writing, Gender,
and Ethnicity in Colonial Latin America*
(edited with Javier Cevallos-Candau,
Jeffrey Cole, and Nina M. Scott)

*Literary Amazonia: An Anthology of Writing
from the Amazon Basin* (Forthcoming)

PROSE

Amnesis: The Art of the Lost Object (1988)
Amnesia as theme and structural metaphor in the arts)

A History of Pan-Amazonian Literature (Forthcoming)

WORK IN ENGLISH–SPEAKING ANTHOLOGIES

Giant Talk: An Anthology of Third World Writing (1975),
edited by Quincy Troupe & Rainer Schulte

For Neruda/For Chile (1975), edited by Walter Lowenfels

From the Hudson to the World (1975),
edited by Charles Hayes

The Stiffest of the Corpse: An Exquisite Corpse Reader
(1989), edited by Andrei Codrescu

El Coro: A Chorus of Latino and Latina Poetry (1997),
edited by Martín Espada

*World Poetry: An Anthology
of Verse from Antiquity to the Present* (1997),
edited by Katherine Washburn,
John S. Major and Clifton Fadiman
[Translation of Borges]

*Oblivion and Stone: A Selection of Contemporary Bolivian
Poetry and Fiction* (1998), edited by Sandra Reyes

SMA SAG

NICOMEDES SUÁREZ–ARAÚZ

Edible Amazonia

Twenty-one poems from
God's Amazonian
Recipe Book

Published by The Bitter Oleander Press,
4983 Tall Oaks Drive
Fayetteville, NY 13066-9776
U.S.A.

Website: www.bitteroleander.com

Address any and all correspondence and orders to:
Mendham Commons Res., 19 Galway Drive,
Mendham, NJ 07926 U.S.A.

Author's E-Mail: nsuarez@smith.edu

Cover and book design by Lisa Carta
Printed on recycled paper by Thomson-Shore, Inc.

Library of Congress Cataloging-in-Publication Data
is available upon request

ISBN: 0-9664358-3-4

BITTER OLEANDER
P R E S S

NICOMEDES SUÁREZ–ARAÚZ

Recetario Amazónico de Dios

Veintiún poemas

Table of Contents

Indice

Prologue

Nicomedes Suárez-Araúz, Amazonian poet extrordinaire, has fashioned a collection of poems unique in the poetry of Latin America. Upon entering the poems of *Edible Amazonia* the reader encounters abundant images, enticing flavors and, even more remarkable, a path brimming with fauna, trees, flowers, and symbols that exhort us to the possibilities of delight that is the domain of true poetry. These texts are exquisite and enthrall the senses and palate with their allusiveness. In them, imagination and poetry conjoin to create a disturbing, graceful and mysterious language that ushers us into magic, myth and dream.

Suárez-Araúz's recipes are simple, but also complex; they contain the possible and impossible. For example, his Amazonian orchids can be made "any size you wish/ just by varying/ the size of the pastry cutter." These Amazonian orchids are also part of the voracious colonial history that invaded Amazonia: "The normal shape of these flowers/ has three sepals and three petals/ not counting the first petal/ which fell in

1542/ when Francisco de Orellana and his army/ burst into my river."

The Amazonian landscape and poet's river, fountains of a devouring imagination, mold the lyrical space of these sensual poems: they are both auditory and fragrant delights. This is a book of passionate and genial images. In the poem "Candied Papaya," fruit is mixed with sun, and in "Fake Bread" the recipe is warmed up and accompanied by "legends of treasures." The poet even provides instructions as to the manner of ingesting his confections: "Every day eat a small piece/ with a cup of the night's thick chocolate." In "Caramelized Brazil Nuts," Suárez-Araúz delineates the associations between culinary art and history: "Then add ground cinnamon/ plus the rusty armor/ of Lope de Aguirre and his soldiers/ to give it the right golden caramel color."

To the history of Latin American poetry and the most famous instances of world culinary poetry (such as *Comiendo en Hungría* [Eating in Hungary] and Neruda's elemental odes that celebrate the astonishing possibilities of life and nature) we should add the exquisite beauty of the poems of *Edible Amazonia*. Through his creative energies Suárez-Araúz invites us to share his beloved Amazonian fables and stories, real and imagined. This culinary poet is both restrained and exaggerated with his culinary and poetic ingredients. He is skillful at selecting certain words and discarding others to create a graceful offering of the beauty of the things he loves, describing them with tenderness, mischief, and fantasy.

Edible Amazonia is a celebration of the palate and senses, a banquet of language, a vision of history, an edible and mythic orchid to taste and comprehend life in the immense region the author labeled many years ago "the Amazonian green plains of amnesia."

Marjorie Agosín
Wellesley College,
March 1, 2000

Prólogo

El muy extraordinario poeta amazónico Nicomedes Suárez-Araúz ha creado una colección única en la poesía de América Latina. El lector que se adentre a estos textos encontrará imágenes desbordantes, sabores deleitosos y, más que nada, un sendero de fauna, árboles, flores y símbolos que invitan a la posibilidad del gozo que es la verdadera poesía. Estos textos son exquisitos, e invitan a los sentidos y al paladar con su poder sugerente. La imaginación y la poesía se alían en las potencialidades de un lenguaje inquietante, ágil y misterioso. La lectura de este poemario se acerca a la magia, al mito y al dominio de los sueños.

Las recetas son a veces simples, complejas; son posibles e imposibles. Por ejemplo, sus orquídeas amazónicas "se pueden hacer del tamaño/ que se desee/ con sólo variar/ el molde cortador de masa." También estas flores amazónicas son parte de la historia colonial que invadió en forma feroz a estas tierras: "La forma normal de estas flores/ es de tres sépalos y tres pétalos/ sin contar el primero/ que cayó en 1542/ cuando Francisco de

Orellana y sus huestes/ irrumpieron en mi río."

El paisaje amazónico, el río del poeta, es un manantial de una imaginación devoradora que configura el espacio lírico de estos poemas sensuales: manjares auditivos y fragantes. Nicomedes Suárez-Araúz ha logrado crear un recetario de imágenes geniales y apasionadas. En el poema "Papaya cristalizada," se cocina mezclando la fruta con sol: "Se corta una papaya bien madura/ y se le quita sus semillas negras,/ dientes cariados del trópico./ Se pela la papaya/ y se pesa./ Se aumenta igual peso/ de sol." Y en el poema "Pan de mentira," la receta se entibia y se acompaña con "algunas leyendas de riquezas." Además el poeta da instrucciones para la forma de ingerir los alimentos: "Se come un poquito cada día/ con el chocolate espeso de la noche." En "Pepitas de almendras," vuelve Suárez-Araúz a instruirnos en las alianzas entre la cocina y la historia: "Luego se le agrega canela molida/ y las armaduras enmohecidas/ de Lope de Aguirre y sus soldados/ para darle color de pepa."

En la historia de la poesía latinoamericana e instancias más famosas de poesía culinaria (por ejemplo, el célebre recetario *Comiendo en Hungría* de Pablo Neruda y

Miguel Ángel Asturias, o las odas nerudianas que cele-
bran la asombrosa posibilidad de la vida y la naturaleza)
debemos incluir a estos poemas memorables por su
belleza exquisita. Pero más que nada por la capacidad
creadora de Suárez-Araúz que nos invita a compartir su
amada Amazonia, con sus fábulas e historias reales e
imaginadas. Este poeta es a la vez mesurado y exagera-
do en sus ingredientes culinarios y poéticos. Es hábil en
mezclar ciertas palabras y olvidar otras, pero más que
nada es genial al compartir la belleza de lo que ama y
describe con ternura, con picardía, con fabulación.

Recetario amazónico [Edible Amazonia] es una cele-
bración del paladar y los sentidos, una fiesta del
lenguaje y una visión de la historia, una comestible
y mítica orquídea para saborear y comprender
la vida en el territorio amazónico que el poeta
denominó hace muchos años "verdes llanos de la
amnesia."

Marjorie Agosín
Wellesley
1 ro de marzo del 2000

Synchronicities that Unveil the Past

On rare occasions we come upon a book that speaks to us intimately and transforms us and, as Thoreau said, "we date a new era in our lives from the reading of it." Such was the case with a book that my wife Kristine found in Smith College's Library, the book that inspired me to write the poems of *Edible Amazonia*, some of which are presented in this volume.

In the spring of 1993, looking for publications on Alaska among the shelves of Neilson Library for a school report of our son Andrés, Kristine turned to the shelf behind her. Without knowing why, she reached for a thin archival manila envelope nearly invisible between tomes of geography. She pulled out the envelope, opened it, and drew from it a book. The author's name, Rodolfo Araúz Marañón, took her aback, and she rushed home with the volume to confirm with me that I was related to him. "Yes," I said, "he was my maternal grandfather. I had no idea that book existed."

I phoned my mother Nina, Rodolfo Araúz's daughter, who still lived in Santa Cruz, Bolivia. She also didn't know about her father's book, which contained an account of the socioeconomic conditions in Bolivia's Amazon region in 1912. My mother reminisced about details of her father's life: born in Amazonia, Rodolfo studied at King's College, London, completed a civil engineering degree at the Sorbonne, and had been consul general of Bolivia in Brazil. He became a high-ranking Mason and was fluent in English, French and Portuguese, besides his native language, Spanish. "And," my mother added curiously, "he held nightly spiritual seances."

My mother went on to tell me that on an after-noon in June, 1931, while returning home from Belém in the steam boat "Rio Mar," Rodolfo became ill from a salmonella-infected fish he had for lunch. Ten hours later he died. The ship's captain, a good friend of Rodolfo, ignored the navigational laws that mandated the corpse be cast into the waters, and they sailed on for several more hours. At the village of Pedras, on the Amazon's left bank, the captain stopped the ship so his friend could be given decent burial.

Before 1993, Amazonia had been for me a land

whose nostalgic recollection had inspired much of my literary writings. From that spring day on it became central to my life. Since then I have devoted myself to serving that vast region as co-founder and director of the Center of Amazonian Literature and Culture at Smith College, and as editor of the journal *Amazonian Literary Review*. This activity has led me to travel throughout the Amazon basin to meet fellow writers and artists of the region. It has also allowed me to promote the vision of a unified Pan-Amazonian culture that I hope will further understanding and cooperation among the various regions of the Amazon basin.

Whether the coincidences I mention above (and several others that followed) prove the validity of Carl Jung's mystical concept of synchronicity or not, I don't know. I am simply grateful that these coincidences led me to recover a trace of a grandfather I never knew in person, and allowed me to honor his advocacy for the fair treatment of the Amazonian land and its people. I therefore dedicate this volume of poetry to my grandfather Rodolfo Araúz Marañón (to add to the coincidences, Marañón is the name of the headwaters of the

Amazon river, in Peru's territory), as well as to his wife Leticia, my doting grandmother, who spoke fluent Movima, the indigenous language of our region. I also dedicate this book to my mother, whose regional recipes inspired the culinary rhetoric of *Edible Amazonia*, and to my wife Kristine, who by her felicitous discovery opened up this dialogue with the past. For that gift, and for her brilliance and constant support, I thank her with my most profound love.

Nicomedes Suárez-Araúz

Sincronismos que Develan al Pasado

En raras ocasiones un libro casualmente descubierto nos habla íntimamente y nos transforma y, como Thoreau cierta vez apuntara, "la lectura de ese libro fecha una nueva era en nuestra vida." Ello ocurrió con un volumen que mi esposa Kristine descubrió en la biblioteca de la universidad de Smith College, el texto cuya lectura me inspiró a componer los poemas de *Recetario amazónico de Dios,* una selección de los cuales presentamos en este libro.

Un día de la primavera de 1993, mientras deambulaba por los estantes de la biblioteca Neilson en busca de materiales para un reportaje escolar de nuestro hijo Andrés, Kristine se tornó para examinar el estante de detrás suyo. Sin saber por qué, se sintió impulsada a sacar de entre gruesos tomos de geografía un delgado sobre de archivo manila. Lo abrió y extrajo un libro. Le sorprendió el nombre del autor, Rodolfo Araúz Marañón, y llegó excitada a casa para confirmar que yo tenía parentesco con el autor. "Sí," le contesté, "era mi abuelo materno. No sabía que ese libro existiera."

Al instante llamé por teléfono a mi madre Nina, hija de Rodolfo, quien aún vivía en Santa Cruz, Bolivia, y ella me dijo que igualmente desconocía dicha publicación, la cual escrupulosamente detalla las condiciones socioeconómicas de la región amazónica boliviana en 1912. Mi madre rememoró detalles de la vida de su padre: nacido en la región amazónica boliviana, Rodolfo estudió en el King's College de Londres, completó un título en ingeniería civil en la Sorbona, y fue Cónsul General de Bolivia en Belém do Pará, Brasil. Llegó a alcanzar un alto puesto en la jerarquía masónica; se expresaba con fluidez en inglés, francés, y portugués, aparte de su lengua materna, el castellano. "Además," añadió mi madre curiosamente, "mi padre hacía sesiones de espiritismo cada noche."

Mi madre me contó también que una tarde de junio de 1931, mientras retornaba en el navío "Río Mar" de Belém do Pará a su hogar en Bolivia, Rodolfo contrajo una infección de salmonela de un pescado que comió para el almuerzo. Diez horas después falleció. El capitán del barco, un buen amigo suyo, pasó por alto el reglamento de navegación que exigía la disposición del cuerpo en las aguas, y el navío prosiguió navegando por varias horas más. Al arribar al pequeño puerto de Pedras, en la ribera izquierda del río Amazonas, el capitán ordenó que el navío atracara para que su amigo recibiera un entierro decente.

Antes de ese día primaveral de 1993, la Amazonía había sido para mí apenas la patria cuyo recuerdo nostálgico inspiró gran parte de mi creación literaria. Desde aquella fecha ha sido la inquietud fundamental de mi vida. Desde entonces, como cofundador y director del Centro de Literatura y Cultura Amazónicas de Smith College, me he dedicado por entero al servicio de esa región, que comprende grandes áreas de nueve países sudamericanos. En Smith dirijo *Amazonian Literary Review*, la revista del Centro. Esta actividad me ha llevado a viajar por la cuenca amazónica con el propósito de establecer vínculos con escritores y artistas de la región. También me ha permitido promover la visión de una cultura amazónica o panamazónica unificada, lo cual espero fomente la comprensión y colaboración entre sus diversas regiones.

No sé si las coincidencias que menciono arriba (y varias otras posteriores) corroboran o no el concepto místico al cual Carl Jung denominó "sincronismo." Simplemente me considero afortunado de que dichas coincidencias fortuitas me hayan permitido recobrar indicios de un abuelo a quien no conocí en persona, lo cual me ha permitido honrar su loable postura de defensor del medio ambiente amazónico y de sus pueblos autóctonos. Por ello dedico este poemario a mi abuelo Rodolfo Araúz Marañón (para sumar una coincidencia más, Marañón es el nombre del primer tramo del río Amazonas, en territorio peruano); también dedico esta obra a su esposa Leticia, mi querida abuela, quien hablaba perfectamente el movima, la lengua nativa de nuestra región. Finalmente, aunque con igual emoción, dedico este libro a mi madre, cuyas recetas regionales inspiraron la retórica culinaria de *Recetario amazónico*, y a mi esposa Kristine, quien, por medio de su feliz descubrimiento, creó la posibilidad de un diálogo con el pasado. Por ese regalo que me brindó, por su genialidad en todo y su constante apoyo, le expreso mi agradecimiento con el más profundo amor.

Nicomedes Suárez-Araúz
Traducido por el autor al castellano
del original en inglés

Acknowledgements

"Amazonian Orchids," a poem from the present collection, was first published in English translation in the anthology *El Coro: A Chorus of Latino and Latina Poetry* (University of Massachusetts Press, 1997), edited by Martín Espada. Others appeared in a special issue on human rights edited by Marjorie Agosín for *Southwest Review* (2000), in *The Atlanta Review* (2001), and in *The Bitter Oleander.* Some of the poems were translated into Italian by Mauro Salvi and published in his journal *The Literary Magazine,* based in Genova, Italy, and some were included in *A poesia se encontra na floresta* (Manaus, Brazil: Editora Valer, 2001), an anthology of Latin American poetry selected and translated into the Portuguese by Thiago de Mello.

To the editors of these publications and to Steven Ford Brown and José Manuel Rodeiro, who translated texts for magazines, to Paul Roth, the publisher of this book, to Fred Fornoff for his translation advice, and to Marian Macdonald and Reyes Lázaro for their editorial suggestions, I express my deep gratitude.

ILLUSTRATION CREDITS: Figures on page 10 ["Paba del monte"], page 18 [Yndia Canichana"], page 99 [Yndio Canichana baylando"], are by Lázaro de Ribera 1786-1794), governor of Bolivia's Amazonia.

Agradecimientos

"Orquídeas amazónicas," un poema de la presente colección, fue publicado por primera vez en versión inglesa en la antología *El Coro: A Chorus of Latino and Latina Poetry* (University of Massachusetts Press, 1997) editada por Martín Espada. Otros fueron incluídos en un número especial de la *Southwest Review* (2000) dedicado a los derecho humanos, editado por Marjorie Agosín. Otros más aparecieron en las revistas *Atlanta Review* (2001), y *The Bitter Oleander*. Algunos textos fueron vertidos al italiano y publicados por Mauro Salvi en *The Literary Magazine*, su revista de Genova, Italia. Otros más fueron incluídos en *A poesia se encontra na floresta* (Manaus, Brasil: Editora Valer, 2001), una antología de poesía latinoamericana seleccionada y traducida al portugués por Thiago de Mello.

A los editores de las mencionadas publicaciones y a Steven Ford Brown y José Manuel Rodeiro, traductores de poemas de *Recetario Amazónico* para su publicación en revistas, a Paul Roth, director de la editora del presente libro, a Fred Fornoff por su consejo con respecto a la traducción, y a Marian Macdonald y Reyes Lázaro por sus sugerencias editoriales, les expreso mi profundo agradecimiento.

Poemas

Poems

Orquideas Amazónicas

Se agarra un pedazo de luz del alba
y se dobla la punta
dándole forma de bastoncito.
Se le agrega goma
para que prenda la bolita de masa
preparada de antemano.
Con ésta se hará el pistilo.

A un poquito más de masa
se le pone tinta verde bajita.
De este pedazo se forma el receptáculo
que se coloca en la parte inferior
de la orquídea.

Una vez cortados los pétalos
se adelgazan los extremos de la masa
con los dedos y se pegan alrededor
del pistilo. Se pintan con colores bajitos,
blanco, rosa, celeste, violeta, agregándoles
como gracia unos lunarcitos y bordes oscuros.

Las flores y los moradores del río
siempre se ponen a secar parados
ya sea contra un pedazo de cielo
o de masa verde.

Amazonian Orchids

Take a small piece of dawn light
and twist at the top to shape it
like a small walking stick.
With glue attach
a ball of dough
prepared beforehand.
Use this to shape the pistil.

Using more dough
add a light green color.
Then shape a receptacle
to be used as the base
of the orchid.

When the petals have been cut out
flatten with the fingers,
gluing them around the pistil.
Paint with light colors
—white, rose, sky blue, violet—
adding as decoration a few dots and dark edges.

The flowers and dark dwellers of the river
should always be set standing
either against a slice of heaven
or mass of green dough.

Se pueden hacer del tamaño
que se desee con sólo variar
el molde cortador de masa.

La forma normal de estas flores
es de tres sépalos y tres pétalos
sin contar el primero
que cayó en 1542
cuando Francisco de Orellana y sus huestes
irrumpieron en mi río.

You can make the flowers any size
you wish just by varying
the size of the pastry cutter.

The normal shape of these flowers
is three sepals and three petals
not counting the first petal
which fell in 1542
when Francisco de Orellana and his army
burst into my river.

Pierna Silvestre

La pierna se lava y se raspa
el exceso de gordura que hubiera.

Se pone en una asadera al horno.
Una vez que larga un poco la gordura
se cuece hasta secarse y se cubre
en azúcar y caldo de piña.

Se deja en horno fuerte
cociendo unos veinte minutos.

Al retirar del horno
se corta la pierna de indio formando rombos
colocando un clavo de olor
en cada uno.

Los rombos se comen
con yuca hervida
y una tajada de silencio.

Leg of Wild Game

Wash the leg and scrape
away the excess fat.

Place in a roasting pan in the oven.
Once its juices are released
bake until dried and sprinkle
with sugar and pineapple juice.

Bake at high temperature
for twenty minutes.

After removing from the oven
cut the Indian's leg into rhomboids,
placing a clove in each.

The rhomboids should be eaten
with boiled manioc,
a slice of silence.

Salsa de Ají

Se añaden sal y pimienta
a una cucharada de ají amarillo molido
con una cucharada rasa de pesares.

Se pone sobre el sueño
como se pone mantequilla al pan.

Después de sacar del sartén
a las fragatas invasoras
se pone caldo o agua.

Se hace dar un hervor
y se vacía como un grito
entre los vivos y los muertos.

Chili Pepper Sauce

Add salt and pepper
to a tablespoon of ground yellow chili peppers.
Add a level spoonful of sorrows.

Just as you would spread butter over bread,
spread the mixture over dreams.

After removing invading frigates
from the frying pan, pour the broth
or water into a pot.

Bring to a quick boil,
then empty like a scream
among the living and dead.

Papaya Cristalizada

Se corta una papaya bien madura
y se le quita sus semillas negras,
dientes cariados del trópico.

Se pela la papaya
y se pesa.

Se aumenta igual peso
de sol.

Se pone de marzo a mayo
en una mezcla de agua
con un barril de cielo.

Se llevan los pedazos
a una olla en la que está lista
un almíbar rala,
suficiente para cubrir la fruta.

Se retiran los pedazos
para un cedazo
y se le esparcen veinte mil
mitos granulados,

Candied Papaya

Slice an overripe papaya,
removing the black seeds,
decayed teeth of the tropics.

Peel the papaya
and weigh it.

Add an equal amount
of sun.

From March to May place
in a mixture of water
and barrel of sky.

Remove the pieces
and place in a pot
containing a light syrup,
just enough to cover the fruit.

Place the pieces
in a sieve
and sprinkle over them
twenty thousand granulated
myths,

así las puestas de sol
quedan cual papaya cristalizada,
un manjar fragante,
empalagoso y exquisito.

so that sunsets in Amazonia
will be like candied papaya,
a fragrant, cloying
and delicious treat.

Dulce de Limón

a Martín Espada, defensor
de los desposeídos

Se toman limones maduros
que sean de buena corteza.
Se raspa la corteza del día,
procurando que no quede nada amargo.

Se exprime el jugo,
y se deja limpia la corteza
sin ninguna pulpa.

Se deja en agua fría,
cambiándole con frecuencia
en este clima cálido.

Se hace el almíbar pesando el día
y poniendo un tanto igual de azúcar,
y luego se pone a fuego lento.

Como a todos los dulces,
una vez estando el almíbar a punto,
se sumergen las cáscaras de limón en él
y se cuece hasta convencerse
que ya está a punto.

Lemon Jam

to Martín Espada, defender
of the downtrodden

Take ripe lemons
with a nice thick rind.
Scrape away the peel of day,
making sure no bitterness remains.

Squeeze out the juice,
leaving the rinds
free of pulp.

Place in fresh water,
changing often
in this hot climate.

To make syrup, weigh the day,
adding an equal amount of sugar,
and then place over a gentle fire.

As with all jams,
once the syrup is just right,
place lemon rinds in it,
and cook until convinced the mixture
has reached the right consistency.

De esa manera saldrá el sol,
cada mañana, dulce, sin amargura,
entre chozas incendiadas
y los Yanomami infectados
con virus mortales
por los dioses blancos.

Thus, each morning
the sun will rise, sweet,
with no bitterness at all,
among the Yanomami huts set ablaze
and the tribesmen
infected with fatal viruses
by the white gods.

Pan de Mentira

Se entibia leche
y se aumenta el azúcar,
en vez de pasas, se le echa
algunas leyendas de riquezas.

Se deja enfriar la levadura
en agua tibia,
y se aumentan más leche
y mitad de la harina
del sueño inacabable
de los chacareros.

Se añade manteca derretida
para hacer consistente a la masa.

Se tapa todo
y se deja descansar cuatrocientos años.

Se coloca en el horno caliente
del trópico
dejando asar hasta que se seque.

Se come un poquito cada día
con el chocolate espeso de la noche.

Fake Bread

Warm milk and add sugar
and—for lack of raisins
in the tropics—
also throw in the legends of treasures.

Place the yeast
in lukewarm water,
adding more milk
and half the flour from
the unending dream
of river farmers.

Thicken with
melted lard.

Cover and let it rest
for four hundred years.

Place in the tropics' hot oven
and bake until dried.

Every day eat a small piece
with a cup of the night's thick chocolate.

Manjar Blanco

3 litros de leche europea
y 3/4 de kilo de azúcar morena
se mezclan y cuando se ha espesado
se le agregan 28 indias tostadas
y se sigue dando punto.

Se le añade dos yemas de sol tardío
y se deja enfriar un poco.

Se le agregan dos claras
de un río partido en rodajas.

Se mezcla bien y se vacía
en el olvido
un poblado selvático más.

Mix 3/4 kilogram of brown sugar
with 3 liters of European milk.
As it thickens
add 28 toasted Indian girls.
until it congeals.

Add two yolks of belated sun
and let cool.

Add two egg whites
of sliced river.

Whip well and empty out
one more jungle village
into oblivion.

Judios Malucos*

Se forma un abanico ferruginoso
de floresta
y se le mezcla chocolate granulado
y mostazilla en colores de ocaso.

Se añade azúcar impalpable;
un limón para darle luz a la mente.

Se hace un glacé para formarles la boca,
combinando clara de huevo
con azúcar impalpable.

Los ojos también se forman
de clara y azúcar.

El cuerpo se arma de masa
de harina de mandioca.

Crazy Indians

Shape a cluster of rust-colored forest
in the shape of a fan
and mix in powdered chocolate
adding light mustard
colored in dusk hues.

Add confectioner's sugar,
a lemon to lend light to their mind.

Mixing egg whites
and confectioner's sugar
make a glacé to shape their mouth.

Their eyes are also formed
with egg whites and sugar.

Mold their bodies
with tapioca flour dough.

Una vez secas se sueltan en la jungla
a estas criaturas
para que las cuchillas de las excavadoras
las trituren otra vez y se tornen
en lo que siempre fueron desde 1542:
ojos desencajados de furia y espanto.

★ *Malucos:* palabra portuguesa que, en castellano, equivale a
"locos o chiflados." "Indios Malucos" denota ciertas galletas
de forma antropomórfica. —Nota del autor.

Once they are dry,
let these creatures loose
in the jungle
so that bulldozer blades
will grind them up again and they go back
to what they've always been since 1542:
eyes filled with fury and fear.

★ *Malucos:* a Portuguese adjective meaning "wacky, nutty or crazy." "Indios malucos" refers to certain cookies in the shape of human figures. —Author's note.

Gelatina de Patas

En una asadera poner las patas en el horno.
Una vez que sueltan los nervios
ya no tienen grasa.

Se aumentan cien hectáreas de selva condensada
cuando la gelatina está por cuajar.

Para desmontar cien leguas de selva
basta tomarse un vaso de gelatina.

Hoof Gelatine

Place the hooves in a pan in the oven.
Once the nerves loosen
they will no longer contain fat.

As it begins to congeal
add one hundred hectares of condensed jungle.

It takes one hundred leagues of cleared forest
to create a single cup of gelatine.

Caramelo para Guisos

Se mezclan azúcar y un ocaso
en un sartén
fundiéndolos hasta que tomen
un color dorado.

Cuando esté frío se parte
el caramelo en pedacitos
y se guarda para el momento
de usar.

Para cocer un alba es suficiente
un trocito del tamaño
de un diente de ajo,
dos frasquitos de bicarbonato de sodio
y una pizca de magnesia calcinada.

Se ponen éstos en el agua
en que se cuece un millón
de hectáreas de floresta,
cuyos árboles se levantan suavemente
con la punta de un cuchillo.

El caramelo cocina rápido y, además,
les da a los árboles un lindo color dorado.

Caramel for Stews

Mix sugar and a sunset
in a frying pan,
blending until
it becomes golden colored.

Once it cools break
the caramel into small pieces
and store away
until needed.

To cook one dawn add
a piece of caramel the size of a garlic clove
mixed with two small bottles
of sodium bicarbonate
and a pinch of roasted magnesia.

Place the mixture in water
in which a million hectares of forest
have been boiled,
gently lifting the trees
with the tip of a knife.

Caramel cooks quickly and, besides,
it gilds the trees with a lovely bronze color.

Pepitas de Almendras

Se hace un almíbar de azúcar en leche,
cuando esté en punto alto
se le agregan almendras molidas
hasta que se desprenda del perol.

Luego se le agregan
canela molida y las armaduras enmohecidas
de Lope de Aguirre y sus soldados
para darle color de pepa.

Caramelized Brazil Nuts

Make a syrup of sugar and milk.
As it thickens
add ground nuts until the mixture
detaches from the pot.

Then add ground cinnamon
and the rusty armor
of Lope de Aguirre and his soldiers
to give it just the right golden caramel color.

Árbol

a Jesús Urzagasti y Pedro Shimose, amantes de los bosques

Se mezcla masa de pan
y agua hasta que sea
una masa más o menos blanda.

Cuando está pronta
se agarra un gajo duro de un relámpago
que sea resistente
y en bonita forma
y se lo va paralizando,
echándole la masa con una cuchara,
con la misma que se ha mezclado
el pan de cada día.

Después el gajo se coloca
sobre un gran bollo de masa
cuidando de que no asiente
porque los árboles,
los Chimane lo saben,
nacen también del cielo.

La masa está pronta,
cuando echándole agua,
ya no la absorbe.

Tree

To Jesús Urzagasti and Pedro Shimose, lovers of forests

Mix bread dough with water
until it turns
soft.

When ready
take a branch of lightning
that is quite resistant
and has a lovely shape
and begin to paralyze it
by using a spoon to cover it with dough,
the very same dough
with which our daily bread
was made.

Plant the branch
in a mound of dough
making sure it doesn't pass
all the way through because trees
—as the Chimane Indians know—
are also born from the sky.

When the dough has set
sprinkle with water,
until saturated.

Tiene que llevar formas
irregulares con sobresalientes,
así como Iquitos, Leticia, Riberalta,
Manaus o Belém
se elevan en la selva
sobre el nivel de las aguas.

Después que se baña el gajo
integramente, se coloca
al sol y entre lianas de lluvia
por doce mil años.

Entonces se le añaden,
poco a poco, la corteza
de los pueblos circundantes,
lanchas llenas de caucho y sangre,
y esta mezcla se usa
inmediatamente porque seca
muy rápido
y una vez que está dura
ya no se puede usar más.

Por eso los ciclos
se añaden rápidamente:

The dough should be molded
into irregular, jutting shapes,
just like Iquitos, Leticia, Riberalta,
Manaus or Belém
as they rise in the jungle
above the river's surface.

When the branch is soaked
place in the sun
among lianas of rain
for twelve thousand years.

Then, little by little,
add to it the bark
from surrounding villages,
steam boats filled with liquid
rubber and blood;
these should be used
immediately because they dry fast
and once hardened
can no longer be used.

This is why the cycles of new life
must be added quickly:

uno de cinchona, pequeño,
otro de caucho, grande,

uno de esmeraldas,
otro de pepitas de oro,

uno de pulpa maderera,
otro de petróleo.

Conforme se va secando todo
se va cubriendo con masa
las ramas, añadiendo
nuevos retoños de años,
siempre formando sobresalientes.

No olvidar de añadir
las tribus, las mayores y las menores,
una de Xingus, otra de Huitotes,
una de Muras, otra de Sirionós
una de Campas, otra de Waris . . .

Mejor si se mezclan
en el yeso blanco de los jesuitas
para darles pureza
y poder armar las ramas bien
con alambre fino.

one of cinchona, small,
another of rubber, large,

one of emeralds,
another of gold nuggets,

one of wood pulp,
another of oil.

As it begins to dry
continue to cover the branches
with dough, adding the new
annual buds,
always molding them into jutting shapes.

And don't forget to add the tribes,
the larger and smaller ones:
one of Xingus, another of Huitotes,
One of Muras, another of Sirionós,
One of Campas, another of Waris . . .

Better still if you mix
in the Jesuits' white plaster
for purification
and then tie up the branches
with thin wire.

Una vez el árbol,
con sus miles de venas pluviales,
con sus tribus verdes,
con sus idiomas, aromáticos
en la primavera,
resecos en el invierno,
está armado,
encima se puede pasar
con un algodón cualquiera
la pintura dorada en polvo
obscureciendo la piel
o aclarando como uno desee.

Cuando la pintura esté bien seca
por acción del sol diario
se le pasa barniz copal,
que se ha mezclado
con purpurina oro,
dándole la tonalidad
que uno desee, pero nunca
debe quedar blanco.

Luego con un pincel ardiente se va cubriendo
todo con una llamita y otra
y otra, tapando todo agujerito que tenga,
incendiándolo, como una ofrenda al cielo,
desde donde el árbol nació.

Once the tree,
with its thousands of pluvial veins,
with its green tribes,
with its languages
—fragrant in spring,
bone dry in winter—
is formed,
you can brush
or dab with a cotton ball,
powdered gold paint,
making the bark light
or dark as you wish.

After the paint dries
from the sun's daily labor,
cover with copal varnish
mixed with gold dust,
giving it the desired
tonality, but leaving
no white spots.

Then with a brush in flames
begin to cover it with fire,
lighting a small flame and then another,
and another, erasing any holes it may have,
setting it ablaze as an offering to the heavens
from where the tree was born.

Azucarillo

a Charles Cutler

Baño para ciertos pasteles
con escenarios campestres

Se pone azúcar granulado
en un traste hondo
con agua suficiente
para cubrir su superficie.

Se remueve ligeramente
y se pone al fuego,
y no se vuelve a batir
hasta que tenga punto de bola dura
que se comprueba
tomando un poco del jarabe
y con una cucharita se introduce
en agua fría. Así fácilmente
se puede formar una bolita dura
que al caer sobre la tierra
suene compacta como un meteorito.

Sugar Topping

to Charles Cutler

For certain cakes
with rural scenes

Place granulated cane sugar
in a deep bowl
with just enough water to cover it.

Stir slightly
and place over a flame;
don't whisk again
until it begins to harden.
Consistency can be checked
by taking a spoonful of syrup
and placing it in cool water.
You can then easily make a small hard ball
that when dropped on the ground
sounds as compact as a meteorite.

Mientras el jarabe torna el punto
se prepara un poco de glacé
con clara de huevo
y dos lunas nuevas.

Se deja medio duro
y se tiñe de color esmeralda
con lunarcitos de amarillo y muerte.

De esta mezcla también se forman
las cintas plateadas de los ríos
que en noches de luna
brillan tanto que se alzan
hasta el cielo.

As the syrup thickens
prepare a glaze
with egg whites
and two new moons.

Let the mixture harden
and then paint it emerald green,

touching it up with thousands of dots
of yellow and brown death.

From this mixture you can also shape
the silver ribbons of rivers
that on moonlit nights
shine so brightly they rise up
all the way to the heavens.

Pudín de Palmito

Se mezcla el palmito
una vez hervido
con pan blanco remojado
y un poquito de mantequilla
y se añaden los huevos.

Se unta con mantequilla el molde
y se pone una capa de palmito,
una de Guarayos molidos,
y otra capa de queso rallado,
y así alternando hasta
llenar el molde.

Se pone en un horno a rojo vivo
hasta que esté bien cocido
y sea tan blanco y puro
como el corazón del palmito.

Heart of Palm Pudding

Once boiled
mix heart of palm
with soaked white bread crumbs.
Add eggs, a touch of butter.

Grease a pan
and add a layer of heart of palm,
one of crushed Guarayo Indians,
another of grated cheese,
alternating,
until the pan is filled.

Place in a hot oven
and cook well
until it looks as pure and white
as heart of palm.

Flores

a Toño Carvalho

Batir en fuego bien bajo
pero sin dejar de batir
todos los ingredientes
de la primavera.

La masa está lista cuando se forma
una masa dura.

Cuando esté todavía caliente
se le pone un poco de fécula
de batata al tanteo,
lo suficiente como para que no
esté pegajosa.

Se mezcla bien y se amasa
como cualquier otra masa.

Luego se le va poniendo
tinta vegetal,
del color que uno quiera
pero con cuidado de que no quede
del todo mezclado.

lowers

to Toño Carvalho

Place the ingredients of Spring
in a pot and set the mixture
over a low flame
and stir continuously.

It's ready when it thickens
into a hard mass.

While still hot
add sweet potato flour,
just enough so the mixture
is no longer sticky.

Mix well and knead,
just as you would any other dough.

Drip vegetal
food coloring on it,
any color you wish,
but be careful
so it doesn't blend fully with the dough.

Los colores bonitos
para la primavera son rosadito,
celeste, amarillo y blanco.

Es necesario liar la masa
en una tela gruesa y encima
ponerle nubes húmedas.
Así puede quedar hasta
un milenio, no más.

Cada invierno la masa se estira
con fuslero sobre los bosques.

El engrudo para pegar
las partes de las flores
se hace de harina de mandioca
y jugo de limón.

Una vez que estén todas las flores
se sopla fuerte para que se esparzan
por todo el horizonte.

The prettiest Spring colors
are light rose, sky blue,
yellow and white.

Wrap the dough
with a thick cloth
and cover with moist clouds.
Thus it will keep
for a millenium, but no more.

Every Winter spread the dough
across the forest
with a rolling pin.

Use glue made from manioc flour
and lemon juice
to paste on
parts of flowers.

Once the flowers are ready
blow hard
so they scatter
throughout the jungle.

Turismo Ecológico

Se cuece sol bien picadito
y se mezcla con harina de rosca
y un raudal de enero.

Estando la masa en su punto
se despeja en un plato
y se le pica almendras.

Cuando la masa está fría
se rellenan con ella los barquitos
y se colocan sobre un espejo de agua
o una bandeja plateada.

En cada esquina de una playa
simulada con harina de trigo,
se sitúan palmeritas, guayacanes,
cocoteros, tajibos y mangos.

Allí, lleva piedras de azúcar,
sombrillitas en varios colores
y muñequitos de bañistas.

Ecological Tourism

Bake finely diced sun
blended with yellow corn flour
and a torrential January shower.

After the sauce has thickened
place on a plate
and add chopped Brazil nuts.

When the dough has cooled
stuff the dough in little boats
placing them on a water mirror
or silver platter.

Place little palms, guayacán trees,
coconut trees, tajibo trees, and mango trees
on each corner of a beach
simulated with wheat flour.

Add stones of sugar,
little umbrellas in various colors
and toy bathers.

Tras los árboles se cuecen
tigres, caimanes, antas,
indias parturientas, chozas,
leprosos y niños parasíticos,
los ingredientes para el baño dulce
de este encantador paraje turístico.

Behind a line of trees
place tapirs, jaguars, caymans,
huts, pregnant Indian women,
lepers, parasitic children,
all the ingredients of a frosting
for this delightful tourist spot.

Crema de Café

a Pedro Lastra

Preparar crema batiendo mantequilla
aumentando unas cucharadas
de tintura de café fuerte y frío.

Batir bien hasta que quede
una mezcla.

Retocar con ella los bordes del día
para que el sol se encamine
hacia la noche.

Así, al alba, el primer trago de café
tendrá el mismo sabor
a aromática tierra amazónica
de todos los días anteriores.

Cream of Coffee

to Pedro Lastra

Prepare the cream by whipping butter
and adding a few tablespoons
of distilled cold, strong coffee.

Mix until
well blended.

Using a brush touch up the day's edges
with cream
so the sun may gently move
towards night.

Thus, each dawn, the first sip
of coffee will have the same taste
of aromatic Amazonian earth
as all the previous days.

Baño de Azúcar Morena

Mezclar azúcar, claras,
crema y batir.

Colocar sobre baño María
y batir fuertemente
hasta que se endure
y resulte en picos
de buitres.

Perfumar con esencias
de inquietud.

Cubrir los barrancos de los ríos
con el baño de azúcar morena
hacia el atardecer.

Brown Sugar Topping

Mix and blend sugar,
egg whites and cream.

Place in a pot
over boiling water
and whisk well
until it thickens and clusters
in the beaks of vultures.

Perfume with essences
of uneasiness.

Towards sundown
cover the riverbanks
with brown sugar topping.

Salsa Inglesa

Se deslía en un poco de agua
mostaza, y azúcar molida
y yemas de sol.

Se bate bien y se agregan
unas libras esterlinas.

Una vez unidas
se le juntan leche
y vinagre, poniendo
poco a poco.

Se esparce la mezcla
en el río en 1850
para que baje hasta la boca
del Amazonas y cruce, más allá,
hasta Liverpool.

Desde allí bajarán
las semillas de goma hasta Malasia
y la costumbre amazónica
de tomar el té cada día
a las cinco en punto de la tarde.

English Sauce

Mix a little water with
mustard, granulated sugar
and yolks of sun.

Whisk well and add
a few pounds sterling.

Once blended,
add milk
and vinegar, pouring
in a little at a time.

Spread the mixture
in the Amazon river of 1850
so it runs to the river's mouth
and travels beyond,
all the way to Liverpool.

From there to Malaysia
rubber seeds will travel,
just like the Amazonian custom
of daily tea
at five o'clock.

Decorado Torta del Libro Abierto

Se extiende glacé mármol
sobre un pedazo de papel manteca,
y luego se coloca sobre el llano
y se frota hasta que despegue.

Se esparce con una espátula
una capa de un metro de grosor
reclinando un lado del libro
contra los Andes,
y la otra tapa en la costa del Atlántico
dejando que sobresalga un borde
simulando así las páginas.

Hacia el horizonte
se amolda con la masa
una serpiente, para que así
el paraíso quede completo.

Decoration of the Open Book Cake

Spread a marbled glaze
on a piece of wax paper,
placing it on the plain
and rubbing until it slides off.

With a spatula spread the glaze
in a layer up to a meter thick,
leaning one side of the open book
on the Andes,
the other on the Atlantic coast.
Allow a border to stick out
and thus simulate the edge
of the pages of a book.

Towards the horizon
shape a serpent with the batter
so paradise
will be complete.

Tinta del Escritor Amazónico

Se mezcla agua tibia
con zumo de limón
y leche ácida.

Se disuelve la noche
en el Río Negro.
Se añade petróleo
en el Río Napo.

En Iquitos, al Amazonas
se le añaden escarabajos,
alguaciles, cepes, arañas,
y escorpiones pulverizados.

Estando lista la tinta
se inscriben en el cielo
con caligrafía renacentista
una bandada de buitres
que limpiarán de carne
los esqueletos de los días.

Amazonian Writer's Ink

Blend lukewarm water
with lemon juice
and fermented milk.

Dissolve night
in the Río Negro.
Add petroleum
to the Río Napo.

In Iquitos throw into the Amazon
beetles, dragonflies,
army ants, spiders,
and finely ground scorpions.

When the ink is ready
scribble in the sky
with Renaissance calligraphy
a flock of vultures
that will peck away the flesh
from the carcasses of days.

Bio-Bibliographical Note

Nicomedes Suárez-Araúz was born in the Amazonian Bolivian town of Santa Ana in 1946. He is a poet, fiction writer, essayist and visual artist. He has published eleven books, including six volumes of poetry. In 1978 he was awarded Bolivia's national Premio Edición "Franz Tamayo" for his book *Caballo al anochecer* [Horse at Nightfall] (Casa de la Cultura, La Paz, Bolivia). In 1973, he formulated *Amnesis*, an Amazonian-inspired aesthetic theory based on amnesia as a structural metaphor for the creation of artistic works. Several international artists became associated with *Amnesis*, and, in 1984, Suárez-Araúz published *Amnesis Manifesto*, republished in *The Stiffest of the Corpse* (City Lights, 1988), edited by Andrei Codrescu. Amnesis aesthetics were praised by the architect and philosopher R. Buckminster Fuller, in a review in J.L. Borges' journal *Proa*, and by the celebrated Chilean poet Enrique Lihn.

Suárez-Araúz, who holds a Ph.D. in Comparative Literature, has been a member of the Spanish and Portuguese Department at Smith College since 1987. There, with his colleague Charles Cutler, Suárez-Araúz founded the Center for Amazonian Literature and Culture, and he is the editor of the first Pan-Amazonian journal, *Amazonian Literary Review*, and the Center's bulletin, *Pan-Amazonia*.

Alerted by the work done by Suárez-Araúz, the editors of the *Oxford Comparative History of Latin American Literary Cultures* requested him to contribute to that work an essay and the introduction to a section on Amazonian literary cultures. Suárez-

Araúz is the editor of *Literary Amazonia*, an anthology of writings from the regions of the Amazon basin, to be published by The University Press of Florida.

Nota Bio-bliográfica

Nicomedes Suárez-Araúz es un poeta, narrador, ensayista y artista plástico nacido en 1946 en Santa Ana, un pueblo de la Amazonia boliviana. Ha publicado once libros incluyendo seis poemarios. En 1977 ganó el premio Edición "Franz Tamayo" de Bolivia por su colección *Caballo al anochecer* (Casa de la Cultura, La Paz, Bolivia, 1978). En 1973 publicó A*mnesis* (vocablo del antiguo griego que significa amnesia), una teoría estética inspirada en la realidad amazónica que se basa en la amnesia como metáfora estructural para la creación de obras en todas las artes. Varios creadores internacionales se asociaron a la Amnesis y, en 1984, Suárez-Araúz publicó su *Amnesis Manifesto* [Manifiesto Amnesis], reeditado en *The Stiffest of the Corpse* (San Francisco: City

Lights, 1988), editado por Andrei Codrescu. La estética de la Amnesis fue ponderada por el arquitecto y filósofo R. Buckminster Fuller, en una reseña del libro en *Proa*, la revista de J.L. Borges, y por el célebre escritor chileno Enrique Lihn.

Suárez-Araúz, que es doctorado en literatura comparada, ha sido miembro del departamento de español y portugués de la Universidad Smith College desde 1987. En dicha institución él, y su colega Charles Cutler, fundaron el Center for Amazonian Literature and Culture. Suárez es editor de *Amazonian Literary Review*, la revista del centro, y del boletín *Panamazonia*.

Conscientes de la obra de Suárez-Araúz, los editores del *Oxford Comparative History of Latin American Literary Cultures* le pidieron que colaborara con un ensayo y la introducción a la sección sobre la Amazonia. Actualmente Suárez-Araúz prepara *Literary Amazonia*, una antología de cuento y poesía de las diversas regiones de la hoya amazónica. Ésta será publicada por la University Press of Florida.

Translator

Steven Ford Brown is the co-editor of *Invited Guest: An Anthology of Twentieth-Century Southern Poetry* (University Press of Virginia, 2001). His published translations include *Astonishing World: The Selected Poems of Ángel González, 1956-1986* (1993), "After Neruda, After Paz: Sixteen Latin American Poets" (as editor), a special edition of *The Atlanta Review*, and *Century of the Death of the Rose: The Selected Poems of Jorge Carrera Andrade* (2002). He currently lives in Somerville, Massachusetts.

Traductor

Steven Ford Brown es coeditor de la antología *Invited Guest: An Anthology of Twentieth Century Southern Poetry* (University Press of Virginia, 2001). Sus publicaciones de traducciones incluyen *Astonishing World: The Selected Poems of Ángel González, 1956-1986* (1993), "After Neruda, After Paz: Sixteen Latin American Poets" (como editor), un número especial de la revista *The Atlanta Review* dedicado a la poesía latinoamericana, y *Century of the Death of the Rose: The Selected Poems of Jorge Carrera Andrade* (2002). Actualmente reside en Somerville, Massachusetts, U.S.A.

Praise for Nicomedes Suárez-Araúz

"Here is an utterly unique voice from the Amazon. This poetic cookbook brims with wonder and humor and suffering. Any poet who can look at ground cinnamon and see the rusted armor of the conquistador has found the crossroads between imagination and history. Come feast upon *Edible Amazonia*." —MARTÍN ESPADA, 2001.

"Nicomedes Suárez-Araúz has done here what might well have seemed impossible: he has synthesized history, nature and political protest in a beautifully sustained lyrical voice. Finely translated, *Edible Amazonia* is a sharp example of the moving possibilities of wit and the imagination."
—JAMES HOGGARD, 2001.